Le Château de Regnéville

Etude descriptive et historique d'après les documents authentiques, la plupart inédits

par

E. SAROT

Avocat consultant à Coutances

COUTANCES

IMPRIMERIE NOTRE-DAME

19, rue [illegible], 19

[illegible]

Le Château de Regnéville

TIRAGE A 200 EXEMPLAIRES

Le Château de Regnéville

Etude descriptive et historique d'après les documents authentiques, la plupart inédits

par

E. SAROT

Avocat consultant à Coutances

COUTANCES

IMPRIMERIE NOTRE-DAME

19, rue Tancrède, 19

—

1911

Le Château de Regnéville

Nous n'avons pas la prétention de révéler au monde des savants, ni même des simples touristes, l'existence et l'importance des restes actuels de l'ancienne forteresse en question ; pas plus que sa renommée si considérable dans le passé. Tous, en effet, ont vu les premiers, ou bien en ont entendu parler, du moins en ce qui concerne son donjon. Ils savent, d'un autre côté déjà que celui-ci, et ses dépendances construites, ont joué jadis un grand rôle, notamment du temps de Charles le Mauvais, roi de Navarre.

Mais les uns et les autres — les seconds surtout — ne connaissent tout cela que d'une façon bien imparfaite, tant au point de vue de la description dudit castel en son état présent, qu'à celui de ses fastes passés ; et ils n'ont jusqu'ici, pour sortir de cet état d'ignorance plus ou moins complète en ce qui le concerne, aucun ouvrage à la fois sérieux et explicatif à consulter. Car on ne peut donner ce nom à l'article, fort court, que M. de Gerville a consacré dans ses *Châteaux de la Manche*, en 1825, à ladite forteresse ; ni à celui que, en 1853, M. Rena [illegible] ait, sur la commune de Regnéville dans sa *Revue* [illegible] *lissement de Coutances*, alors publiée par l'Annuai [illegible] Manche. Quant à la Notice publiée, en 1906 pa[illegible] M. Rouel, secrétaire d'Académie à Saint-Lo, sur *Regnéville*, bien que très intelligemment faite au point de vue « statistique », elle ne peut guère compter à celui de la peinture et de l'histoire de l'objet dont s'agit ici.

Il y avait donc nécessité scientifique d'en composer un d'une nature moins imparfaite, et donnant — par vérification sur place, et documents à l'appui — tant la description vraie des vestiges actuels du monument en question, avec reconstitution logique, par induction, de ce qu'il était jadis ; que son histoire architecturale, militaire, et surtout transmissive, depuis les temps les plus reculés que l'on en connaisse jusqu'à ceux présents et à nous contemporains.

Nous avons, ici, tenté de le faire, au moyen de visites réitérées sur le terrain, et en nous aidant d'une foule de documents, non seulement imprimés, tant sur l'objet susdit que sur l'histoire générale contemporaine de ses divers épisodes, mais surtout manuscrits, non encore connus jusqu'à présent, et dont la plupart ont été par nous rencontrés, au greffe du tribunal civil de Coutances, sous forme d'*actes judiciaires* ou bien d'*état-civil* de diverses anciennes paroisses de la région — où, naturellement, Regnéville a figuré en premier rang — le tout à nous communiqué gratis, et avec une obligeance dont nous ne saurions trop remercier M. Charpy, l'intelligent et bienveillant titulaire de l'important dépôt que nous venons de mentionner.

A l'aide de ces divers moyens, nous avons pu composer une monographie à la fois sérieuse et complète dudit castel ; et nous espérons bien la publier dans peu. Mais elle était bien trop développée pour paraître de suite, vu la surcharge actuelle de travail des imprimeurs locaux. Et, comme cependant — surtout après avoir, naguère, annoncé publiquement une étude, de notre plume, sur l'important sujet en question, qu'il est si désirable de faire au plus tôt connaître — nous devions, sans autre retard, satisfaire de suite, en quelque façon sérieuse, l'impatience, en ce qui le concerne, d'une vaste catégorie de lecteurs érudits, empressés d'en être pourvus, nous nous sommes décidé (en attendant mieux, peut-être, pour l'avenir) à publier, dès à présent, la monographie réduite, ci-après, sur la matière en question.

Celle-ci, du reste, leur donnera immédiatement la principale substance de nos longues et consciencieuses recherches à cet égard ; et nous sommes persuadé qu'ils tireront ainsi encore quelque fruit, plus ou moins savoureux — les amateurs d'archéologie et d'histoire locale, surtout ; et ils sont encore nombreux, dieu merci ! malgré la futilité matérielle, en général, des goûts contemporains — du repas d'anachorète que nous pouvons seulement ici leur fournir.

Quant à la division toute simple, que nous suivrons dans un pareil travail, elle s'impose d'elle-même, et consiste à examiner : d'abord, le château dont s'agit, en lui-même, — tant présent que passé — puis à raconter son histoire aux diverses phases qu'il a dû progressivement traverser ; en y insérant, naturellement, celle, concomitante, de ses différents possesseurs successifs, nobles, ou même uniquement roturiers.

I

ÉTAT DES LIEUX TANT PRÉSENT QUE PASSÉ

Le voyageur superficiel, ou pressé — qui, partant de Coutances, sis à dix kilomètres de Regnéville, et arrivé, enfin, dans cette dernière localité, directement par la route qui, à la jonction de la Soules et de la Sienne, traverse le fameux *pont de la Roque*, au pied nord de l'ancien exploratorium romain, ou gaulois, de *Montchaton*, se dirige de suite, en quelque sorte instinctivement, vers l'effrayant débris de son ancien donjon — est sujet à commettre, en voyant plus ou moins rapidement celui-ci, la plus grave des méprises.

Il l'a le plus facilement atteint par l'Est du village, en suivant, d'abord, du Nord au Sud, la longue chaussée qui, sur le bord du rivage, le conduit à ses environs ; puis, en se dirigeant, de là, transversalement, vers cette gigantesque ruine que bientôt il va trouver, à droite, dans le champ mal clos qui en renferme le squelette isolé. Et, en voyant celui-ci, en un clin d'œil, il s'imagine que sa tâche pittoresque — même que sa tâche scientifique — est désormais accomplie par une visite aussi rapide à un tel débris; qui, dans sa pensée, constitue, à lui seul, tout ce qui reste désormais de l'ancienne forteresse du lieu.

Eh bien ! il s'est, en cela — comme on le dit vulgairement — mis complètement le doigt dans l'œil. Car, en contemplant, en admirant même, à juste titre, le morceau d'architecture en question, il n'a vu qu'une faible partie du vaste système de défense dont celui-ci n'était, pour ainsi dire, que le « noyau », et dont bien d'autres portions sont encore existantes, sinon dans leur entier, du moins avec des traces importantes, et toujours conservées — mieux même que celles du susdit donjon — de leur consistance et importance primitives.

Si l'on veut les connaître, et sortir ainsi de l'ornière intellectuelle du vulgaire, à ce sujet, qu'on se donne la peine de nous suivre, et, en redescendant vers la chaussée occidentale susdite, d'aller jusqu'au bout sud de celle-ci, et, arrivé là, de pénétrer, à gauche, dans l'habitation, puis dans la cour orientale du châtelain actuel ; qui, avec son amabilité bien connue, et que nous avons nous-même plusieurs fois éprouvée, ne demandera pas mieux que de nous y introduire.

Ce qu'il occupe, en effet, là n'est autre qu'une dépendance directe de l'ancienne forteresse Regnévillaise ; dont il a, du reste aussi le susdit donjon ; que nous allons revoir tout à l'heure, et d'une façon de beaucoup meilleure que ses visiteurs précipités, bien qu'exclusifs, de chaque jour.

Et on ne tarde pas à s'en apercevoir, à l'« épaisseur énorme » de la muraille Ouest de sa résidence ; à travers laquelle cependant on est, il y a une soixantaine d'années, arrivé à pratiquer, du côté de la mer, la porte puis les deux étages de fenêtres au-dessus du rez-de-chaussée, qu'on y voit aujourd'hui.

Alors — et surtout si on sort dans la cour sise à l'Est de cette construction transformée, et en remarque les anciennes ouvertures bouchées, ainsi que le toit de celle-ci : que l'on ne voyait pas de son dehors Ouest, mais que l'on voit maintenant très facilement, incliné seulement vers ladite cour — on se rend déjà parfaitement compte de sa destination, au temps jadis, comme dépendance étroite des défenses militaires de la place.

On reconnaît ainsi que le mur Ouest — à présent percé de porte et fenêtres, comme nous l'avons dit, mais qui primitivement n'en présentait aucune — n'était autre qu'un véritable « rempart », destiné à protéger, de ce côté-là, le château — dont il faisait d'ailleurs partie — contre les agressions des ennemis extérieurs, et surtout des pirates maritimes ; ce qui est, du reste, encore mieux démontré par le véritable « chemin de ronde » qui le surmonte sur toute sa longueur, et duquel on pouvait alors, sans danger pour les défenseurs de la place, repousser ceux-là, à l'aide notamment de flèches, javelots, et autres projectiles du moyen âge ; à l'aide, aussi, d'armes à feu, quand celles-ci vinrent à être inventées.

On s'aperçoit aussi que — sans doute pour loger à couvert la garnison, et peut-être même, le seigneur de celle-ci, dans une sorte de casemate à l'abri des atteintes de l'ennemi — on avait, audit mur, adossé une véritable maison, ayant entrée et vue, non pas, comme à présent, vers la mer, mais bien vers la cour susdite. Et cette maison, c'est précisément celle qui — avec les transformations de ce genre, qu'a subies l'ancienne à une époque récente, où il n'y avait plus rien à craindre des agresseurs belliqueux de jadis — est devenue la résidence — bien plus agréable et confortable que l'ancienne, susdite — des maîtres modernes du lieu.

En outre, tant de ladite cour qu'au besoin de ses dehors Nord et Sud, on reconnait encore que le rempart, et bâtiment adossé à son intérieur, susdits, n'étaient pas-là, les seuls de ce genre ; et qu'il en existait — qu'il en existe même encore — tout autant, auxdits orients, se rattachant plus ou moins au premier, et en complétant la destination défensive.

C'est, d'abord, au Nord, un second « rempart », faisant, à angle droit, suite directe au premier, avec « chemin de ronde » supérieur, qui communique facilement avec celui ci-dessus mentionné, au niveau exact duquel il se trouve. Seulement, du dehors, ce mur de défense est peu visible, vu l'accolement qu'on y a fait — sans doute au commencement du XIXe siècle — d'un bâtiment d'habitation secondaire, qui le masque entièrement de ce côté-là, après avoir, là, recouvert la « douve » qui jadis y existait aussi, comme nous allons du reste le voir

C'est, ensuite, à l'intérieur dudit rempart, vers la cour susdite, adjointe, à celui-ci, une construction analogue à celle, sus décrite, du côté Ouest ; avec, toutefois, les différences actuelles ci-après : qui, du reste, n'en révèlent que mieux la destination primitive, plus ou moins analogue à celle qu'avait cette dernière.

En effet, là, pas de second étage, comme dans le premier bâtiment intérieur sus décrit, qui en a deux actuellement, mais qui, peut-être — même probablement — n'en avait, lui aussi, qu'un primitivement, d'ailleurs — à la différence encore dudit bâtiment — ne comportant qu'un seul appartement, dit, encore à présent, du nom significatif de « salle des gardes », et accessible, non pas — comme le présent — par un escalier « intérieur », mais par un « extérieur », qui, encore actuellement, donne seul accès à la seconde des deux constructions, et servait d'abord, sans nul doute, aussi à la première ; avec laquelle, en outre, l'autre correspondait, à son dedans, par une porte, depuis entièrement bouchée. Mais, en revanche — au rez-de-chaussée — des appartements « voûtés », dont les arcades en pierre sont supportées, çà et là, en leur milieu, par des colonnes « romanes », à chapiteaux quadrangulaires, à moitié enfoncées dans le sol. Celui-ci a évidemment été « exhaussé » là, comme, du reste, probablement dans la cour voisine, dont le niveau est même bien au-dessus dudit rez-de-chaussée ; qui, étant devenu à moitié souterrain, pourrait être facilement qualifié, maintenant, de cave proprement dite, bien que n'en ayant pas eu la nature à l'origine.

Quant au côté Sud de la susdite cour, il présente, ou à peu près, la même apparence « militaire » que les deux précédents, faisant encore angle droit avec le premier d'entre eux, mais ne communiquant plus, maintenant, avec lui ;

comme il l'avait fait jadis, sans doute, sauf, dans l'angle Sud-Ouest ainsi formé, un passage « voûté » pour pénétrer, de l'extérieur, au dedans de la cour en question, puis, de là, dans les divers bâtiments entourant celle-ci : seule voie d'accession qu'il y avait alors, pour le château dont s'agit, en passant sur le « pont-levis » dont nous allons parler plus loin.

A présent les deux constructions Ouest et Sud ne se touchent plus ; et — depuis longtemps sans doute — il y a un intervalle non bâti entre elles, par lequel les voitures continuent de pénétrer dans la cour sus mentionnée ; qui, du reste, ne peut être abordée, par elles, d'un autre côté. De telle sorte qu'il n'y a plus de communication, comme probablement jadis, ni entre les bâtiments Ouest et Sud, ni entre les chemins de ronde qui les surmontent encore l'un et l'autre.

Effectivement, du côté du Sud encore, nous trouvons la même disposition architecturale que pour les deux autres côtés sus décrits. Là encore il existait — et il existe toujours — à l'extérieur, un « rempart » ; qui est même le mieux conservé des trois, dans son aspect primitif. Car, d'une part, il n'a pas, comme le premier, été percé de porte et fenêtres ; et, d'autre part, il n'est pas, comme le second, masqué, au dehors, par une maison à lui adossée. Enfin c'est à son pied extérieur que l'ancienne « douve » qui faisait, jadis, le tour de cet ensemble, a le mieux conservé sa trace ancienne. Là encore aussi s'accolait, audit rempart — qui a, d'ailleurs, toujours son ancien « chemin de ronde », à sa partie supérieure — un bâtiment, à présent en grande partie ruiné, mais montrant encore, par ses vastes plaies béantes, les débris de cheminées du moyen-âge. C'était — d'après maint document — là que, du moins en temps de guerre, habitaient ou se réfugiaient — avec sans doute, leurs bestiaux, mis dans quelqu'une de ses écuries du rez-de-chaussée — les « fermiers » des vastes labours et prairies dépendant jadis du domaine dont est cas.

De cette façon, tout le monde des habitants — seigneur, domestiques personnels de celui-ci, garnison, et autres employés de la place — se trouvait à l'abri des incursions du dehors. Et d'autant mieux qu'en outre ce que nous venons de décrire comme superstructures de celle-ci, elle avait, sans doute, encore plus d'une cachette souterraine, pour y recueillir les provisions à eux tous nécessaires : caves, silos, etc. ; comme l'indiquerait le « son creux » que l'on obtient même en frappant du pied le sol de la susdite cour, et aussi celui de la cuisine « voûtée » du bâtiment Ouest : dans laquelle existait, d'ailleurs, un puits, qui n'a été comblé que depuis quelques années.

Il résulte, d'ailleurs, de maint document relatif au château dont s'agit, que tout l'ensemble susdit — dont la forme, d'après ce qui précède, constituait, autour de la cour précitée, un véritable « carré », sauf peut-être, à l'Est, où il n'existe actuellement aucune trace de rempart ni, par suite, de bâtiment à lui intérieurement adossé ; et où il n'y en avait peut-être pas davantage jadis, à cause du voisinage protecteur, de ce côté là, du « donjon » de la forteresse — était, au dehors des susdits remparts, encore protégé par des « douves », remplies, sans doute, par les eaux, encore persistantes, d'une source voisine. On n'en voit plus à présent que la trace ci-dessus signalée, au pied du rempart Sud ; tandis qu'à celui du Septentrion, a été construit, sur leur ancien emplacement, le bâtiment extérieur que nous savons ; et que, devant celui de l'Ouest, a été, au moment de son percement d'ouvertures sus mentionné, à leur place créé le parterre d'entrée nouvelle qui en orne, depuis lors, la lisière extérieure. Mais leur existence ancienne n'est pas douteuse ; pas plus qu'à l'angle Sud-Ouest, extérieur, dudit quadrilatère, celle d'un pont en pierres — dont l'arche, à moitié enterrée, se distingue encore fort bien — qui enjambait, là, lesdites douves, pour conduire jusqu'à un « pont-levis » sis au devant de l'unique entrée du castel qui y existât à ce moment-là.

Peut-être même y avait-il jadis, à l'Ouest, vers le rivage

de la mer, en deçà de toutes ces défenses multipliées, encore quelque ouvrage militaire « avancé », que les vagues, les sables et les galets, de celle-ci, auraient fait progressivement disparaître. Ce qui donne à le supposer, et ce qui, en tout cas, prouve tous les dégâts causés par celle-ci, depuis longtemps, à ladite forteresse, ce sont les mentions qui en sont faites dans plus d'un acte ancien la concernant, et notamment dans l'« aveu » de 1701, ci-après cité et que nous rencontrerons dans peu.

Nous voilà, maintenant, tout préparés pour inspecter, avec plus de fruit et de compétence que les visiteurs profanes, le fameux « donjon », qui seul les attirait jusqu'ici, et dont, à la rigueur — vu sa hauteur qui le signale de si loin à leur vue de simples curieux — ils eussent pu très bien se dispenser d'approcher les murailles lézardées.

Abordons-le donc, enfin, en franchissant le simple mur Est de la cour carrée que nous savons, dont il clôt le quatrième côté ; et en passant, au delà de celui-ci, à travers les jardins de l'ex-domaine seigneurial, pour aboutir dans le champ où la sombre merveille féodale continue, malgré ses horribles blessures, de se dresser encore.

Sans doute que, pendant longtemps, celle-ci n'était pas isolée comme elle l'est aujourd'hui, et qu'elle se trouvait reliée au quadrilatère susdit, par un couloir fortifié, et peut-être même par une enceinte continue ; au milieu, ou à l'un des endroits, de laquelle, il dominait, comme un maître protecteur, tout l'ensemble de la forteresse, dont il était le principal, en même temps qu'inséparable, morceau. Il se peut même que l'Eglise, voisine, du village, dont le seigneur Regnévillais continua, jusqu'à la Révolution, d'être le « patron » — comme l'ayant originairement fondée, en guise de « chapelle » paroissiale de son propre château — fût, elle aussi, dans le début de sa création (vers le XIIIe siècle), comprise dans la susdite enceinte.

Quoi qu'il en soit, le donjon en question est maintenant

entièrement séparé des autres constructions défensives ci-dessus décrites ; et (ce qui est pire) se trouve, depuis les débuts du XVIIe siècle — qui, comme on le dira, virent s'opérer sa destruction, — réduit à un simple fragment de son imposante et terrible beauté d'autrefois.

Ce qui en reste, le voici :

Bâti, en forme carrée — avec 100 pieds, au moins, de hauteur, sur 30 environ de largeur — en belles pierres de taille, formant, à chaque angle extérieur, une espèce de « contrefort » ornemental à double face, et surmonté de créneaux à mâchicoulis, autour de sa couverture plate, il se divisait, à son intérieur, en quatre étages « voutés », qu'éclairaient de rares fenêtres à arcades circulaires — ou du moins à ogives obtuses — pratiquées à travers ses murailles, de trois mètres environ d'épaisseur. Le tout évidemment, du XIIe siècle ; ainsi qu'on le peut, d'ailleurs, supposer aussi pour les remparts — et bâtiments adossés intérieurement — que nous avons ci-dessus décrits : comme le revèlent les voûtes et colonnes « romanes » du rez-de-chaussée d'un de ces derniers.

Il ne présente plus, à présent, debout, en entier, qu'un de ses côtés : celui de l'Ouest, qui est, d'ailleurs, à peu près intact au dehors, et encore pourvu, à son extrémité extérieure Nord, d'un « escalier en spirale, » permettant toujours, aux intrépides — ayant la tête solide et le pied sûr — de grimper jusqu'au sommet de cette vertigineuse bâtisse. Permission dont il ne faut pas abuser, toutefois ; témoin la Parisienne qui, il y a quelques années, s'écrasa sur le sol, en descendant de cette échelle de Jacob à degrés partiellement rompus, et suspendue, la plupart de son parcours, sur le vide extérieur.

A ce pan de muraille gigantesque, se relie d'ailleurs, angulairement — avec recouvrement extérieur, sur toute la longueur perpendiculaire de l'encoignure ainsi formée, par un des contreforts artistiques, à double face, dont nous avons déjà parlé — un fragment, déchiqueté fort irrégulièrement, de la face Sud, dont la hideuse déchirure vient surtout affliger le regard du spectateur ; à la fois admiratif et terrifié en contemplant une si noble, et en même temps si ravagée, construction.

C'est surtout à l'intérieur de celle-ci, et de l'angle au dedans formé par la jonction de ce qui reste de ses deux faces susdites, que ces deux sentiments, et le dernier surtout, se trouvent violemment sollicités, par la vue des amorces — à présent sans complément, ni utilité architecturale — des voûtes de ses divers étages ; par celle aussi de quelques fenêtres « romanes », ou « de transition », à éveils profonds, et qui semblent regretter de ne plus servir à rien, après avoir éclairé — à l'un ou l'autre de ceux-ci — maint guerrier d'autrefois.

Assurément une telle apparition ne saurait s'oublier, surtout quand on en a examiné soigneusement les détails ; et elle vous poursuit, jour et nuit, quand, en quittant la place, vous croyez vous en être définitivement débarrassé.

Quant à nous, qui venons d'étudier et de comprendre ce qu'est (et ce que, probablement, était jadis) la forteresse en question, non seulement quant au dit « donjon » — seul (et encore si imparfaitement !) envisagé par les profanes — mais encore quant à la partie si importante, on l'a vu, qui reste de ses anciennes dépendances militaires, nous pouvons, maintenant, nous dégager de l'examen matériel, désormais suffisant, de cet ensemble architectural guerrier, pour — sans l'oublier toutefois, dans le saisissant fantôme qui en reste encore — essayer d'en raconter brièvement l'histoire, ainsi que, par suite, celle des diverses familles seigneuriales qui l'ont successivement occupé.

II

RENSEIGNEMENTS HISTORIQUES

Quelques savants font venir le nom de *Regnéville* (ou *Renierville*, comme on l'écrivait souvent au moyen-âge), d'un *Régnier* (ou *Renier*), compagnon de l'envahisseur scandinave Rollon ; qui en aurait été le premier seigneur.

En fait d'étymologie, nous aimerions mieux — au lieu de ce personnage légendaire, pour ne pas dire tout à fait fantaisiste — chercher celle de l'ancienne paroisse en question (qui, d'ailleurs, ne comprenait, sous l'ancien régime ni celle de *Grimouville*, ni celle d'*Urville* ; qui n'y ont été administrativement rattachées que sous le nouveau, pour ne plus former qu'une seule commune), dans le terme « regni » ou « regis, villa » qui est tout aussi acceptable en lui-même, dans un tel cas, et qui, de plus, a le mérite de peindre, dès le début, et d'un seul mot, la situation gouvernementale et féodale de ladite localité — au moins dans le commencement de son histoire — sous les ducs Normands, et aussi sous les premiers rois de France ayant, à partir de 1204, remplacé définitivement ceux-ci.

C'est qu'en effet — par la nature même des choses, puisée dans l'importance maritime d'un pareil lieu, dont le port, si bien abrité, à l'embouchure même de la *Sienne*, entre les pointes continentales de Grimouville et aussi d'Agon, au Nord, et de Montmartin au Sud, était (avec le faible tonnage des navires, ou plutôt des barques, d'alors), si propre à protéger celles de ses maîtres, tels quels, dans leurs débarquements sur la côte Cotentinoise, et aussi dans leurs expéditions de Pirates (ou au moins de Corsaires), contre les îles voisines et autres lieux où ils auraient à exercer leurs déprédations — il y avait une nécessité qui, à l'égard d'un pareil lieu, s'imposait, du moins à l'origine : C'était — pour le souverain, quelconque, qui s'en était originairement emparé, et qui, en vertu des droits de la conquête, d'alors, et plus tard, du régime féodal régnant déjà en France, et que les vainqueurs Normands, de 911, avaient vite adopté), en était devenu le seul possesseur — de conserver ce coin là pour lui-même, dans son « domaine » propre, sans le céder — même avec réserve de « suzeraineté » — à qui que ce fût de ses camarades, ou plutôt de ses sujets.

De cette façon seulement, il pouvait en rester le véritable maître, et jouir pleinement de tous les avantages naturels d'un pareil endroit ; qu'il était, d'ailleurs, facile d'accroître encore, du moins au point de vue de la sécurité défensive, surtout contre des agresseurs maritimes, en élevant, sur son rivage même — et non, comme souvent ailleurs, sur les hauteurs voisines — une forteresse propre à protéger, là, l'embouchure de la *Sienne* : de même que celle (construite sans doute vers le même temps) sur la roche ou « roque » de *Montchaton*, défendait la jonction de cette rivière avec la *Soules* Coutançaise, absorbée ensuite par la première jusqu'à son arrivée, à *Regnéville*, dans son estuaire océanique.

Et c'est, en effet, ce qui eut lieu, du moins pendant longtemps ; comme le prouve plus d'un document authentique relatif à ladite localité ; sur toute la superficie de laquelle s'étendait d'abord, sans nul doute — ainsi que dans nombre de cas analogues — la seigneurie, soit ducale soit royale, ainsi créée : y compris, avant tout, le château que son possesseur princier y avait, comme nous le savons déjà, dû bâtir dès le XIIe siècle, dont ses débris actuels portent indubitablement le style.

C'est ce qui résulte, d'abord, du soi-disant, *registre des fiefs* — ou *doom'sday book* français — du roi Philippe-Auguste ; qui, après sa conquête de Normandie sur le duc anglais Jean Sans-Terre, en même temps roi de la Grande-Bretagne, y aurait fait officiellement, ou du moins officieusement, consigner les diverses terres appartenant, dans ladite province — par lui reconquise en 1204 — soit à lui-même, soit à ses vassaux, directs ou subordonnés : là maintenus tels, vu le secours qu'ils lui avaient prêté dans ladite campagne, (en voir une copie, plus ou moins fidèle, dans le 15e volume des MÉMOIRES DES ANTIQUAIRES DE NORMANDIE, y publiée par LECHAUDÉ D'ANISY).

C'est encore ce que démontre plus tard — en 1327 — l' « assiette » de terre alors faite, à même la « baillie » du Cotentin — vicomté de *Coutances* — par le Roi de France Charles le Bel, au profit de Philippe, comte d'Evreux, et de Jeanne de France sa femme, bientôt roi et reine de Navarre; pour remplir celle-ci de terres d'un revenu suffisant au paiement d'une créance dotale qu'elle portait sur le premier (la voir aux ARCHIVES DE LA MANCHE, série A n° 151).

Nous sommes, en effet, arrivés ainsi à une époque où la Seigneurie de Regnéville va de la sorte — et aussi en vertu de traités ultérieurs avec Charles dit « le Mauvais » (la grande majorité des monarques auraient pu être ainsi qualifiés, à cette époque là !), roi de Navarre, fils aîné du Philippe susdit, auquel tout le Cotentin fut cédé par Jean dit « le Bon » (qui cependant ne l'était guère, si l'on se reporte à plus d'un de ses actes !), roi de France, en 1351 — changer de maître, au profit de celui-là. Mais sans encore, pour cela, sortir du « domaine souverain ».

A ce moyen multiple, ladite localité — de même, au reste, que toutes les autres de la région — va devenir, de « Française » qu'elle était redevenue, elle aussi « Navarraise », et, en conséquence, soumise — notamment quant à l'occupation militaire de son château — aux « baillis » et autres officiers, de même qu'aux capitaines de garnisons, qu'il plaira à son nouveau maître — qui s'en est, lui aussi, réservé le domaine exclusif, et nomme, en conséquence, également, à la « cure » du lieu (v. au *Livre Blanc* du diocèse de Coutances de 1332, publié par LONGNON), — d'imposer au Cotentin, et en particulier à la paroisse, et château y compris, qui nous occupe ici spécialement.

Et cela dure — sauf des intervalles où le Roi de France, qui, regrettant fort ses concessions territoriales de jadis, essaie et parvient quelquefois à reprendre, par la ruse ou bien par la force, les objets normands de celles-ci, notamment en ce qui regarde *Regnéville*, pris d'assaut, en 1378, par les troupes françaises du Connétable du Guesclin v. la *Chronique du Mont-Saint-Michel*, éditée et annotée par SIMÉON LUCE, t. I, p. 10) — légalement du moins, jusqu'en 1404, que, par un traité *ad hoc* avec Charles « le Noble », fils du « Mauvais », décédé en 1387, la Normandie est enfin, restituée à son ancien maître français, c'est-à-dire à Charles VI, ou plutôt — vu sa démence — à ceux qui géraient pour lui le gouvernement de la France.

Mais presque de suite après, vient l'occupation anglaise de toute la Normandie, commencée en 1415, et qui devait se prolonger jusqu'en 1450, où elle finit par l'expulsion de cet ennemi séculaire ; et, bien entendu, *Regnéville* n'y échappe pas. Il paraît même s'être docilement soumis à ce cas de force majeure irrésistible.

C'est même là qu'en 1425 — sous la protection de la garnison britannique qui en occupait le château et le garda jusqu'en 1449 — Robert Le Jollivet, de *Montpinchon*, l'abbé, contemporain, du Mont-Saint-Michel — seule place qui restât alors, en Normandie, fidèle au Roi de France, grâce au dévouement de sa garnison commandée par un d'Estouteville, et un Paynel, son allié — s'avisa de passer en revue une flottille destinée à attaquer l'ancien couvent de ce traître émérite, complètement vendu à la cause des ennemis britanniques (v. la susdite *Chronique*, t. I, p. 159). Et c'est aussi là — sans doute à cause de la proximité de son port avec les îles anglo-normandes, naturellement secourables à ceux-ci — que résida longtemps — en donnant, d'un tel lieu, à la place de son siège normal de *Coutances*, ses ordres et mandements officiels — le « bailli anglais » du Cotentin, Hugo Spencer (v. à ce sujet, la même *Chronique*, t. I, p. 313 et t. II, p. 77 et 86).

Mais, enfin tout cela allait, heureusement cesser, après l'héroïque dévouement de Jeanne d'Arc, en 1429, par le réveil progressif du patriotisme français, si tristement opprimé; et, en dernier lieu, par l'alliance, en 1448, du duc de Bretagne — victime récente, lui-même, de l'invasion anglaise, qui venait de lui prendre traîtreusement Fougères — avec le Roi de France Charles VII; auquel il prêta, dans leur intérêt commun, ses meilleures troupes, commandées — ainsi que celles de celui-ci, du reste — par les Bretons de Richemond connétable, de Loheac maréchal, et de Coetivy amiral, de France.

C'est ce dernier qui, l'année suivante, vint — après avoir repris *Coutances* — délivrer aussi *Regnéville*, dont la garnison anglaise, commandée par le Gallois Owain Tudor, se défendit pendant six jours, mais finit par se rendre à l'assiégeant (v. ici, surtout, le Ravenovillais Blondel : *de redditione Normanniæ*, chapitre 1er, liv. III; édition de la Société d'Histoire de Normandie, p. 100 et 312; et les *chroniques* de Mathieu de Coussy — continuateur de Monstrelet — chap. 25, p. 53 de l'édition du Panthéon littéraire).

Et, une année plus tard — grâce, en grande partie, à la victoire de Tinchebray — la France tout entière, et notamment la Normandie, était enfin délivrée de cette nuée permanente d'envahisseurs britanniques, à la fois tyranniques et cupides, qui l'avait si longtemps soumise, dans cette dernière région surtout, à son injuste loi, en y substituant, à peu près partout, sa propre administration, à celle du monarque légitime : obligé — pour sauver du moins un simulacre de la sienne, — à la confiner, inutilement, dans la citadelle-couvent du Mont-Saint-Michel (v. sur ce dernier point : la susdite *Chronique*, t. I, p. 223 et II, p. 712).

Mais, peu après cet heureux événement, la seigneurie de *Regnéville* — qui, d'ailleurs, ne comprend plus, dès alors, toute la paroisse de ce nom, comme jadis; grâce à des aliénations partielles qui en ont été faites, soit dans l'intérieur de son village, pour l'extension de celui-ci, soit au dehors, pour la culture avantageuse des champs en dépendant — va subir, dans sa propriété, jusqu'alors à lui-même réservée, parmi son « domaine non fieffé », par le Roi de France, une bien grave modification; qui — sauf la « directe », toujours conservée, par celui-ci, sur ses divers éléments matériels — la fera passer, quant au « domaine utile », aux mains d'un simple particulier.

C'est qu'en effet, maintenant que la guerre est ainsi terminée avec l'Angleterre, ledit Roi n'a plus le même besoin de son port, ni de sa forteresse. D'ailleurs, il lui faut — à défaut d'argent qui lui manque — récompenser, en terres disponibles, le dévouement récent de ses principaux défenseurs de la veille.

Or, parmi ceux-ci, figure, au premier rang, un des membres de la célèbre et nombreuse famille des **Paynel**, dont les énormes possessions féodales se trouvent déjà constituées et réparties entre ses diverses branches. Il s'agit du seigneur de *Bricqueville-sur-Mer* (ou *les Salines)*, qui a pris naguère une part glorieuse à la défense du Mont-Saint-Michel ; et dont, à cette raison, l'ancien domaine susdit a, pendant l'occupation anglaise, été confisqué par cette nation ennemie, et même le château-forteresse y existant jadis, été, par elle, entièrement détruit, en 1421 (v. ici, Dupont : *Histoire du Cotentin*, t. II, p. 538).

Pour l'en indemniser, et aussi le récompenser des services militaires éclatants qu'il vient de lui rendre, Charles VII — une fois ainsi débarrassé de ses ennemis extérieurs — non seulement lui restitue, telle que les Anglais l'ont laissée, son ancienne seigneurie, mais y joint, pour lui, celle de

Regnéville; qui, de la sorte, se trouve « inféodée » pour la première fois.

Et ce nouveau domaine, ainsi constitué, des Paynel de Bricqueville (que l'on appelait souvent : les « Bricqueville-Paynel »; de même que, plus tard, les de Pienne — dont nous allons nous occuper tout à l'heure — seront souvent, à raison de ce dernier fief, par eux acquis également, qualifiés de « Bricqueville-de Pienne »), restera dans leurs mains — avec l'autre qu'ils possédaient bien avant, et du moins dès 1332 (v. à ce sujet, le *Livre blanc* de Coutances, déjà cité) jusque vers la fin du XVIe siècle, qu'il en sortit comme on va le voir.

En effet, le dernier des Paynel d'alors — qui était un **Jean,** fils de **Jacques,** dont on trouve le nom sur un ancien *registre de présentations* seigneuriales, (notamment à la cure de Bricqueville susdit, dont il était aussi le « patron »), que nous avons eu jadis entre les mains — étant mort sans autre enfant qu'une fille, celle-ci, qui, en 1558, avait épousé un **d'Halwin de Pienne,** fit entrer, par là, les deux seigneuries en question — et, par suite, celle de *Regnéville* — dans cette nouvelle famille.

Celle-ci n'était plus d'un clan nobiliaire normand, mais appartenait, en principe, à la France du Nord, c'est-à-dire à la *Flandre,* où étaient situés les deux domaines seigneuriaux (encore existants sous la forme de deux villes, ou bourgades, sises dans les départements du *Nord* et de *la Somme.* d'où il tirait son double surnom, devenu, avec le temps, son nom patronynique exclusif.

C'est donc de ces gens-ci que nous avons, maintenant à nous occuper ; en suivant, d'abord, à ce sujet, jusqu'en 1666 au moins, la nomenclature généalogique qu'en donne la *recherche nobiliaire,* imprimée, de l'intendant de Caen CHAMILLARD, au cours de ladite année; et en recourant, ensuite, à deux *états de fiefs* de la fin du XVIIe siècle *pour l'Election de Coutances* (mais sans dates,) qui se trouvent dans le *Manuscrit* n° 27 de la BIBLIOTHÈQUE DE COUTANCES ; plus à un *registre*, également écrit à la main, de « *chevauchées* » par les Elus de ladite région, pour l'établissement annuel des tailles, de 1692 à 1709, qui forme le n° 26 des « manuscrits » du même dépôt ; et enfin — pour le même temps et aussi le suivant — aux divers actes de l'*état-civil* de diverses paroisses et communes de la contrée.

Documents que nous utiliserons, du reste aussi, pour les de Saint-Germain ci-après, quand — à propos toujours du château de Regnéville — le temps sera venu de nous en inquiéter.

De cette façon nous rencontrons d'abord, en 1558 — date du mariage précité — **Simon** de Pienne, qui le contracta avec la susdite Paynel.

Puis vient son fils **Isaac** (prénom « biblique », indiquant, chez cette famille, une croyance « protestante », qui fut, effectivement, longtemps la sienne). Il nomme cependant, en 1614 *(registre de présentations* ecclésiastiques précité*)*, à la cure de *Bricqueville-sur-Mer* ; mais sans, pour cela, renoncer, sans doute, à sa foi réformiste : d'autant plus qu'il a, en 1586, épousé la fille d'un grand baron partageant celle-ci, le sire, ***Aux Epaules***, de *Sainte-Marie-du-Mont*.

Il n'est d'ailleurs, pas des plus commodes, semble-t-il, et paraît avoir troublé l'ordre local pendant les récentes guerres de religion. Car, en 1598, la destruction de son château de *Regnéville* est demandée — ainsi que, du reste, celle de quelques autres de la contrée — par les Etats de Normandie (v. Dupont, *op. sup. cit.* t. III, p. 612) ; décision qui, — bien que sanctionnée par le pouvoir royal d'alors, — ne paraît, du reste, pas avoir eu d'exécution, au moins immédiate, ainsi que nous allons le voir tout à l'heure.

Il est, à sa mort, succédé par son propre fils, **Jacques** ; dont nous ne savons rien, si ce n'est qu'en 1611, il a épousé une fille *de Magneville* issue du baron de la *Haie du Puits*.

Mais, sur le fils de celui-ci, **Isaac II**, nous sommes beaucoup mieux renseignés ; et pas toujours à son avantage !

En effet — comme le dit le manuscrit, ci-après cité, de la Bibliothèque Nationale — d'une humeur à la fois « licencieuse et brouillone », il abusa, plus d'une fois, de son château « fort, et importun », de *Regnéville*, pour y ourdir, contre l'autorité royale (qu'il jugeait sans doute par trop catholique, dans les mains de Louis XIII, l'ardent persécuteur des protestants, notamment en 1627 : que celui-ci leur prit La Rochelle), de véritables conspirations, avec la réformiste Angleterre ; à laquelle il voulait ouvrir ladite forteresse comme pied à terre d'une descente sur la côte française. C'est ce qu'il fit, d'abord, à l'occasion dudit siège — ce qui lui valut une première poursuite judiciaire, à laquelle il n'échappa que grâce à la mort, alors survenue, d'un de ses fils, dans les troupes royales — et ensuite, dix ans plus tard, en 1637, que, profitant de la révolte normande des « Nu pieds », il réitéra pareille tentative de trahison. Cette fois encore, il fut arrêté, et traduit devant le Conseil du Roi ; qui, sans doute, alors, ne l'aurait pas manqué. Mais il s'échappa d'un gardien auquel on l'avait confié, et, se retira dans son fort Regnévillais, qui n'était pas encore démantelé. Et, là, entouré de chenapans sous ses ordres, et, comme lui, armés jusqu'aux dents, il défia longtemps toutes poursuites, tant à l'intérieur de sa bastille, que même aux environs, où il ne se montrait qu'entouré de ladite troupe de dangereux sicaires.

Aussi l'autorité gouvernementale, si longtemps bravée, finit-elle, malgré sa mansuétude constante à son égard, par l'atteindre de vive force, au moins en ce qui regarde son château ; dont la démolition fut, cette fois, non seulement ordonnée de nouveau, mais encore matériellement exécutée. C'est, sans nul doute, alors que, son fameux « donjon » fut, en grande partie renversé — probablement à l'aide de la mine — et réduit à l'état, de ruine lamentable, où nous le voyons aujourd'hui.

(V. sur tout cela : les *extraits* du « *Mercure Français* » — publiés par la Société d'histoire de la Normandie, p. 226 — pour l'année 1628 ; Masseville : *Histoire de Normandie*, t. vi, p. 17 ; Delalande : *Histoire des guerres de religion dans la Manche*, p. 233 ; et, surtout — aux « manuscrits français » de la Bibliothèque nationale — le n° 18.913, consistant en un rôle, avec notes « secrètes », pas toujours flatteuses, on le voit — des gentilhommes du Cotentin, en 1640 ; et aussi, à la série B des Archives Départementales de la Manche : une *sentence* du bailli de la Haie du Puits, constatant, le 8 février 1637, les vains efforts faits, jusque-là, pour saisir ce fugitif armé).

Il avait, en 1632, épousé une fille *de Launay* « dame » *de la Meurdraquière*, qui lui apporta en dot la seigneurie de cette paroisse ; dont le château dit *le Holot*, devait, plus tard — on le verra — devenir la principale, sinon l'unique, résidence de leur descendance.

Et, il laissa, d'elle, un fils, appelé Michel, qui représentait la famille en 1666, lors de la *recherche nobiliaire* précitée, qui le mentionne, à ce titre, comme « seigneur de *Bricqueville* (*sur Mer*), et de *Regnéville* où il avait sa résidence. Mais il vendit la première de ces seigneuries aux de Montgommeri, comme le prouve le plus récent des deux *registres de fiefs* de *l'Election de Coutances* plus haut cités ; où ce dernier nom figure seul désormais en ce qui concerne ladite paroisse, tandis que, dans le plus ancien, c'est le susdit Michel qui y paraît encore.

Celui-ci, ayant, en 1658, épousé une fille *de Longaunay*, il en eut plusieurs enfants, dont nous allons parler plus loin.

Mais, avant cela, enterrons-le d'abord ! après avoir constaté — d'après le *registre de présentations* que nous savons — qu'il avait, en 1683, nommé un nouveau curé à *Regnéville*.

Trois ans plus tard, il mourait ; comme le constate son *acte d'inhumation*, sur les *anciens registres* de cette paroisse, à la date du 5 septembre 1686. Nous y voyons aussi que son décès fut le résultat d'un funeste accident. Il « se noya », en effet, en voulant traverser *la Sienne*, qui coule, à une demi-lieue, en face du château par lui jadis habité, et dont le démantelement, 50 ans avant cela, n'avait certainement pas atteint (comme, du reste, le prouve, encore à présent, son existence actuelle) la maison de résidence proprement dite.

Sans doute qu'il avait voulu se rendre ainsi directement à Agon, dont le rivage est sis à l'opposite de l'autre côté, Sud, de la baie Regnévillaise. En tout cas, avis, maintenant, aux pêcheurs de soles ou de crevettes, qui se hasardent — sans connaissance de leur terrain mouvant, et à niveau changeant, selon les marées ; qui modifient, constamment, le lit de la susdite rivière, ainsi que la force de ses courants — dans ces dangereux parages ! Ils pourraient fort bien y éprouver le sort de cet ancien seigneur du lieu ; qui cependant devait être bien au fait d'une plage maritime aussi rapprochée de sa demeure habituelle.

En périssant ainsi, le Michel en question laissait au moins deux fils : 1° **Jean-François**, que, dans les *chevauchées* précitées, des Elus du ressort de Coutances, nous voyons seul figurer comme seigneur de Regnéville ; preuve que, dans le partage de la succession paternelle, il reçut — sans doute comme aîné préciputaire — la propriété exclusive dudit fief. 2° **Antoine-Henri**, qui n'y reçut aucune fraction de celui-ci, et que, néanmoins, nous retrouverons bientôt.

C'était donc le premier seul, de ces deux successeurs, qui avait, dès lors, droit audit domaine. Mais il ne devait pas le garder longtemps.

En effet, grâce aux dettes qui affectaient celui-ci, du chef du *de cujus*, et peut-être aussi de celui de son aîné susdit — le fief en question ne tarda pas à être saisi par leurs titulaires (v. à ce sujet le 2e — le plus récent — des *registres* de *fiefs* susdits) ; et, dès lors, son récent attributaire dut se résigner à le vendre, pour éviter les graves inconvénients d'une expropriation forcée.

Et c'est ce qui fut réalisé le 22 décembre 1691, par vente amiable (sur conversion, probable, de la susdite saisie). Cela nous est révélé par l' « aveu » de 1701 ci-après. Mais nous n'avons pu en retrouver l'acte, ne sachant chez quel notaire il a été passé. Et nous le regrettons, car il nous aurait fourni bien des détails curieux, non seulement sur le prix, alors stipulé, mais encore sur la consistance même, à ce moment-là, de l'objet seigneurial de la sorte aliéné.

Ce qu'il y a de certain, c'est qu'il ne s'agissait plus, là, d'une simple « inféodation » en « arrière fief », avec réserve de la « directe », au profit du transmetteur ; de ce que l'on appelait, alors un « jeu de fief », Mais bien d'une véritable « vente », substituant entièrement l'acquéreur au premier, et le mettant désormais lui-même en face du suzerain de celui-ci, auquel, par conséquent, il allait seul désormais porter son « hommage » féodal (v. à ce sujet — comme pour l'explication de maints termes, tant antérieurs, que postérieurs, appartenant à l'ancienne féodalité — NOTRE OUVRAGE : *les Costentin de Tourville*, IIe partie p. 5 et suivantes).

L'acquéreur fut un **Jean de Saint-Germain**, appartenant à une vieille famille du Mortainais ; descendue, à l'origine — comme le prouve un splendide « arbre généalogique » à nous communiqué par un de ses représentants actuels, résidant, depuis quelques années, à Regnéville — d'un chancelier de Philippe comte d'Evreux, et roi de Navarre, en même temps comte de Mortain, et déjà nommé ; et dont les diverses branches s'étaient déjà partagé, entre elles, une foule de seigneuries dans ladite région.

Désormais celui-là — qui se disait sire de *Montaron*, (fief dont nous n'avons pu trouver la situation) — était ainsi devenu seigneur de *Regnéville*, à la place de son vendeur, qui n'y avait — ni sa descendance possible — plus rien à voir ; bien que celle-ci se soit avisée, mal à propos, plus tard — nous le verrons — de revendiquer même l'entière propriété du domaine de la sorte complètement aliéné.

C'était donc à lui seul d'en faire désormais « hommage » au Roi, duquel celui-ci « relevait » immédiatement en sa Chambre des comptes de Normandie. Aussi le voyons-nous, le faire dès 1701, par un « *aveu* » dont nous n'avons pu connaître qu'un extrait, et qui se trouve, en entier — avec bien d'autres, sans doute, roulant sur le même objet — dans les Archives de la Seine-Inférieure, héritières des papiers de la susdite Chambre : volume 180 de ces sortes d'actes, p. 25 à 27.

Or ce fragment, d'un document que nous voudrions avoir vu dans son intégralité, est déjà fort curieux, puisque — s'occupant surtout du château qui nous intéresse tant, dans le domaine « non fieffé » de ladite seigneurie — il nous en fait connaître la consistance à ce moment-là, avec : « donjon et forteresse », cour « fermée de murs », « pont-levis », colombier, etc., tels que nous les avons, dans la 1re partie de notre travail, déjà décrits *de visu*, ou par intuition rétrospective. Le tout déjà « envahi par les sables de la mer ». Celle-ci, en effet, devait, vers l'Ouest, y agir avec d'autant plus de force qu'alors nulle digue ne venait, comme à présent — en donnant sur sa crête, passage à la route de Montmartin, créée, là, depuis 50 ans seulement, à la place de l'ancienne, qui partait (bien plus haut, à l'Est) de l'église même de la localité — protéger ledit château, contre de semblables atteintes.

Nous voyons, de la même façon, qu'alors, de ladite seigneurie, dépendaient des droits assez singuliers, tels que : celui de « gravage », ou faculté de prendre, exclusivement à tout autre, le sable de la mer, sur la plage du voisinage ; et de « guet » sur 17 paroisses proches, obligées, de la sorte, à fournir, à tour de rôle, des hommes d'armes, pour défendre la forteresse susdite, bien que celle-ci fût désormais, en grande partie, démantelée, et d'ailleurs n'eût plus à craindre, comme jadis, d'assaillants militaires.

Voilà donc bien ce nouveau seigneur de Regnéville entièrement substitué à l'ancien susdit, dans les devoirs comme dans les droits de celui-ci. Et cela résulte encore du *registre*, déjà cité, des « *chevauchées* », pour l'année 1709, dans le ressort de l'élection de Coutances (le voir à la BIBLIOTHÈQUE DE COUTANCES, manuscrit n° 26 de la série spéciale des ouvrages non imprimés).

Il s'était (à une époque que nous ignorons) marié à une fille *de Grimouville*. Cela résulte, entre autres documents, d'un *acte*, devant les NOTAIRES DE COUTANCES (étude actuelle de Me MARSEILLE), du 9 juillet 1745, s'annexant un *partage sous seing*, du 13 juin 1731, de la succession du père de ladite épouse. Lui mort — sans doute vers 1740 — sans laisser de postérité, celle-ci se remaria, le 9 juillet 1745, à *Regnéville* (v. les *registres* matrimoniaux de ladite paroisse), à un *de Colardin*, d'*Avranches*. Ce qui ne l'empêcha pas — comme le révèle maint document — de conserver son « usufruit » de survie sur la seigneurie dudit Regnéville, et de continuer d'habiter, sur celle-ci, dans le château dont nous nous occupons, jusqu'à son propre décès, qui, selon toute apparence, n'eut lieu que vers 1780.

Mais, quant à la « propriété » dudit domaine — comme, au reste, de tout l'avoir immobilier du *de cujus* — elle revenait désormais, *in intestat*, à un collatéral du même nom, et sans doute aussi de la même branche, quoique d'un rameau différent de celle-ci.

Cet héritier s'appelait **Anne-Philippe-Henri de Saint-Germain**, fils de **Simon**, mentionné comme seigneur de *la Baleine*, tant dans le 2e *état de fiefs* de l'Election de Coutances, que nous savons, que dans les « *chevauchées* » de 1693, 1696 et 1709. Lequel Simon était lui-même fils de

Hélie, au prénom « biblique », et, en effet de religion « protestante », ainsi que le déclare la *recherche* de Chamillart, qui le mentionne — ainsi que, d'ailleurs, le *1er état* desdits *fiefs*, également précité — comme aussi seigneur de ladite paroisse Baleinoise ; et qui l'était sans doute devenu — pour lui et sa descendance — par son mariage, en 1612, avec une ***de Pierres***, « dame » de celle-ci.

C'était bien là, en effet, le fief devenu patrimonial, depuis longtemps, des de Saint-Germain dudit rameau. Et, quand Anne-Philippe susdit — après l'avoir recueilli au décès de son père, inhumé, audit lieu, le 26 mars 1725 (v. ses *registres*) — y joignit, vers 1740, *Regnéville*, par la mort de son cousin Jean susdit, il n'en continua pas moins, — ainsi que maint document l'indique : — non seulement de se dire seigneur, avant tout, de la première de ces localités, mais encore d'y résider, au moins le plus souvent : empêché, d'ailleurs, qu'il était, de le faire au château de la seconde, par l'« usufruit » susdit, de la veuve du dernier *de cujus* précité. Celui-ci, du reste, ne l'empêcha pas de « sous inféoder », de temps en temps - sous la réserve dudit douaire — quelque morceau de terres Regnévillaises, comme il le fit, notamment (et par deux fois le même jour) le 21 novembre 1754, devant Fouey notaire à *Montmartin-sur-Mer*, par un *acte*, dont le successeur actuel de celui-ci, Me Lelièvre, a bien voulu nous envoyer la copie.

Sans doute le petit manoir de *la Baleine* — qui existe toujours, sous la forme présente d'une ferme — n'était guère important, ni confortable. Mais le susdit seigneur y était habitué ; et, d'ailleurs, il en avait la pleine propriété, au lieu de la nue seulement, qu'il possédait, à *Regnéville*, de celui (du reste lui-même assez délabré, sans doute) de cette dernière localité.

Au surplus, il allait, bientôt après avoir ainsi, en apparence du moins, doublé sa fortune, courir grand risque de perdre l'un et l'autre de ces domaines, pour, avec leurs valeurs combinées, arriver à payer — au moins à due concurrence — une dette, de près de 200.000 livres, dont (à raison, sans doute, de partages successoraux anciens) il était tenu vis-à-vis des LECLERC DE JUIGNÉ ; nobles distingués de l'*Anjou*, parmi lesquels figureront bientôt un lieutenant-général, et un archevêque de Paris : l'un et l'autre, — ainsi que trois autres enfants, — fils d'un officier supérieur français tué, en 1741, à la bataille de Gunstalla. (v. à ce sujet, le *Dictionnaire de la noblesse*, de LACHESNÉE DES BOIS.)

Comme ces créanciers-là le pressaient de leur servir au moins les intérêts de sa dette, et qu'il n'en faisait rien, ils prirent, contre lui, *jugement* au PARLEMENT DE PARIS, le 26 mai 1748 ; et, pour éviter d'être saisi, en conséquence de celui-ci, le susdit débiteur, à qui les promesses ne coûtaient guère, s'engagea, par un *sous seing* du 29 mars 1751, à leur donner en paiement, au moins à valoir : et sa pleine propriété de *la Baleine*, et sa nue propriété de *Regnéville*, ci-dessus indiquées.

C'est ce qui résulte de la poursuite en saisie, dont nous allons parler tout à l'heure.

En effet, le susdit accord n'ayant pas été exécuté, — si ce n'est (et le plus tard possible) par le transfert de *la Baleine*, à ce estimé (château et 300 vergées environ de terre en dépendant, en domaine « non fieffé » ; plus, sans doute, en « fieffé », quelques rentes seigneuriales), à 36.000 l., sur les 200.000, ou à peu près, dues par Anne-Philippe de Saint-Germain, décédé vers 1780 ; presque en même temps que l'usufruitier de Regnéville, la dame de Colardin, veuve de feu Jean de Saint-Germain l'acquéreur de ce dernier domaine en 1691, et dont le viager n'était plus maintenant un obstacle à son avantageuse aliénation, — les de Juigné se décidèrent enfin à exproprier aussi, ledit tenement Regnévillais, sinon sur leur ancien débiteur lui-même — désormais disparu — au moins sur sa succession, qui d'ailleurs, était — ce qui se conçoit — restée « vacante », et, par suite, représentée par un simple curateur.

A cette fin, la procédure ci-après s'engagea, pour arriver, par « décret » (ou expropriation forcée) à la vente aux enchères, dudit domaine ; dont le prix ainsi obtenu devait servir à payer, d'autant, le susdit poursuivant.

Le 21 août 1788, — en vertu de l'arrêt sus-énoncé du Parlement de Paris, de 1748, puis d'une *sentence* du Bailliage de Coutances, en date du 8 novembre 1785, revalidant le premier, avec résiliation de l'accord de 1751, non exécuté sauf en ce qui regarde la seigneurie de la Baleine — le sieur Leroux, « premier huissier » audit bailliage, – au nom de ses « hauts, puissants, et révérendissimes », mandants, — saisissait, à *Regnéville*, à l' « issue de la grande messe », après en avoir, à « haute voix », fait l'annonce au public en sortant, le domaine, tant « non fieffé » que « fieffé », dudit lieu ; dont description plus détaillée était, d'ailleurs — selon les lois de l'époque — donnée, quelques jours après, par les poursuivants eux-mêmes, au greffe du susdit bailliage.

Et cette « déclaration » subséquente est fort curieuse à lire, car elle donne, à ce moment là – et encore bien mieux que ce que nous possédons de l'aveu de 1701 sus relaté – la consistance entière de la Seigneurie en décret, tant en domaine « non fieffé » (c'est-à dire conservé par le propriétaire, et exploité soit par lui-même, soit par des fermiers), qu'en domaine « fieffé » (ou déjà concédé, moyennant « rentes seigneuriales », et rétention de la « directe » — ou supériorité féodale, – à divers particuliers. Ceux-ci, devenus ainsi ses « vassaux », sont obligés, à ce titre, de lui rendre — outre lesdites rentes — certains devoirs honorifiques, et même lucratifs, quelquefois, tels que : paiement de droits de mutation (« reliefs », en cas de mort, « treizième », en cas de vente, du, ou par le, vassal) ; comparence annuelle à ses « plaids » solennels, de « gage pleige », où se faisait la reconnaissance de leurs redevances ; « service de prévôté », pour la recette de celles-ci, par un d'eux, et leur versement, de sa part, aux mains du seigneur, etc. C'est ce que constate ledit acte, et ce que du reste, nous avons déjà expliqué théoriquement dans la IIe partie de nos *Costentin de Tourville.*

Or on y voit, de la sorte :

Dans le premier des deux susdits domaines :

D'abord, la distribution des appartements logeables du château, avec : sa « cour fermée de murs », sa « double porte d'entrée », à laquelle aboutit un « pont-levis » toujours encore subsistant; un « colombier »: des jardins contigus, etc., puis, l'énumération de nombreuses pièces de terre, dont l'ensemble forme près de 300 vergées.

Et, dans le second :

Outre les droits seigneuriaux ordinaires sus définis, avec, en plus, le « patronage » de l'église locale,

Diverses « rentes féodales », tant en argent (de 300 livres environ, au total), qu'en blé (de 4 sommes, à peu près, de même) ; sans compter 2 livres de « savon ».

Le tout estimé, provisoirement — comme mise à prix — à 40.000 livres.

Il semblait que la vente de tout cela aux enchères publiques allait immédiatement se faire. Mais il devait en être autrement.

En effet, d'abord, il fallut judiciairement écarter par *sentence*, au Bailliage de Coutances, du 16 décembre 1789, confirmée, en appel, au Parlement de Rouen, le 31 juillet 1790, l'étrange prétention qu'élevèrent, alors, les **de Pienne**, sur ledit domaine Regnévillais — dont ils étaient, comme nous l'avons vu, dépouillés, depuis un siècle, par son attribution à Jean François, fils aîné de Michel de Pienne ; (duquel ils ne descendaient pas du reste, puisqu'il était mort sans enfants et peut-être même sans s'être jamais marié), puis, en tous cas, par la vente, en 1691, de celui-ci, à Jean de Saint-Germain, (dont ils n'étaient pas non plus héritiers) — de revendiquer néanmoins cette seigneurie en toute propriété. Ils voulaient sans doute pêcher à l'eau trouble, en profitant de la vacance successorale de l'hérédité de feu Anne-Philippe-Henri de Saint-Germain (dont au reste, ils étaient peut-être eux-mêmes créanciers), pour s'enrichir ainsi de sa dépouille. Mais cela ne pouvait évidemment leur réussir ; et, en effet, échoua piteusement, ainsi qu'on vient de le voir.

Ceux, de ladite race, qui s'avisèrent de soulever, au cours d'une procédure, de décret, allant de soi, et prête d'aboutir à son issue naturelle, un aussi ridicule incident, étaient :

D'une part — et quant à la « nue propriété » dudit domaine — **Louis Claude Elisabeth**, né vers 1743, à *la Meurdraquière*, dans le domaine déjà cité, du *Hotot*, qui avait toujours été la résidence de la famille, depuis l'aliénation susdite de 1691 ; et où celui-ci — qui avait en 1781, donné une cloche à l'église du lieu (voir la *Revue de l'arrondissement de Coutances*, par Renaud) — devait décéder le 4 prairial, an III. (Voir les *registres* d'état-civil de ladite commune).

Il avait été mousquetaire de la garde royale ; et — par son père, **Claude Bonaventure**, qui le fut également, et fut inhumé à *La Meurdraquière*, le 19 août 1750 (v. *registres* de cette paroisse) — il était petit-fils de **Antoine Henri** de Pienne, le deuxième fils, déjà cité, de Michel, jadis exclu de la Seigneurie de Regnéville au profit de l'aîné Jean-François, le vendeur de 1691 ; et qui né vers 1675, et devenu lieutenant des armées du roi, fut inhumé, à ladite *Meurdraquière*, le 3 février 1729, ainsi que le prouvent ses *registres* susdits.

Ce ne fut, toutefois, pas lui qui continua, par ses descendants, ladite famille, jusqu'à ces derniers temps, car il ne laissa aucune postérité ; mais bien son frère cadet, **Thomas-Henri**, né vers 1758, à *Avranches*, pays de leur mère commune, née ***de Colardin,*** et ci-après mentionnée.

Celui-ci — poursuivi, en l'an II, devant le Tribunal Révolutionnaire de *Paris*, pour incivisme prétendu, avec la

« fournée » Coutançaise (dont 19 furent condamnés à mort le 3 thermidor), mais qui avait eu la chance, bien rare, d'y être acquitté (v. à ce sujet, nos *Habitants de la Manche* devant ledit tribunal, p. 255) — devait mourir à *Coutances* — où, de la Meurdraquière, dont l'ancien manoir était devenu complètement inhabitable, il avait transporté sa résidence — le 25 juin 1823. Il laissait, de lui et de sa femme, née *Hue de Maufras* - morte elle-même, en ladite ville, le 23 octobre de la même année — deux garçons, savoir :

1° **Henri-Victor**, l'aîné des deux, qui, né à *La Meurdraquière*, le 21 juillet 1792, épousa, le 9 février 1824, une fille *Avril*, de *Périers* (v. les *registres* d'état-civil de cette commune) ; où il établit, en conséquence, son nouveau domicile, de *Coutances* qu'il habitait d'abord avec ses parents dès alors décédés, ainsi que nous l'avons dit, et où il mourut, à une date que nous ignorons.

Il eut pour fils **Eugène-Victor**, né à *Périers*, le 29 janvier 1825 (v. les susdits *registres*), que nous avons tous connu, non seulement comme conseiller général du canton de ce nom, mais encore et surtout — comme « chambellan » de l'impératrice française Eugénie, après avoir été longtemps dans la diplomatie en qualité de secrétaire d'ambassade, notamment en Autriche : ce qui lui permit de rendre, à nombre de « radicaux » actuels, de notre région — qui, le soleil politique une fois changé de direction, se sont empressés de l'oublier — une foule de services, pour les placer et les faire avancer dans leurs carrières.

Celui-ci avait eu, de son mariage avec une *d'Auray de Saint-Pois*, lui-même un fils, qui, il y a quelques années — officier dans l'armée française — avait épousé une fille du maréchal Mac-Mahon. Mais ce dernier mourut, sans postérité, avant son père ; qui vient lui-même de décéder à *Verboeck*, en Hongrie — dans l'immense propriété qu'il y avait jadis acquise et où il s'était, depuis longtemps, retiré — mettant ainsi fin à la branche normande des de Pienne.

2° Louis-Jean-Charles, qui né à *La Meurdraquière*, le 3 messidor, an III, était, en 1828, commis aux vivres à *Bourbon-Vendée*, et dont le lieu et la date de décès — probablement sans postérité — nous sont totalement inconnus.

Celui-ci avait reçu, dans son lot de la succession paternelle - en vertu d'un allotissement, *sous seing*, du 17 janvier 1824, mentionné dans un acte, devant PITON, notaire à *Coutances*, du 27 avril suivant (étude actuelle de Me DELARUE, qui a bien voulu nous le communiquer) — le domaine patrimonial du *Hutot*, comprenant — avec un manoir en ruines, ainsi décrit lors de l'adjudication ci-après, et dont nous avons tout récemment visité l'emplacement, sous la guidance de l'aimable curé de la localité, M. l'abbé Ozenne, – 150 vergées, environ, de terre aux environs. Le tout avec « colombier », et même ancienne « chapelle » y encore existant sous la forme d'une grange agricole.

Mais, comme il avait, bientôt après, contracté de lourdes dettes, qu'il n'acquitta pas même quant à leurs intérêts, ses créanciers ne tardèrent pas à faire saisir le susdit domaine, — dont les « rentes seigneuriales », quelconques, avaient d'ailleurs, comme partout en pareil cas, été supprimées, sans indemnité, par les lois révolutionnaires. Et, le 21 mars 1828, devant le TRIBUNAL CIVIL DE COUTANCES, celui-ci était, pour 45.000 francs, adjugé à deux acquéreurs conjoints. (V. ladite vente, dans les *registres, ad hoc*, du GREFFE de COUTANCES).

Ceux-ci s'empressèrent, ensuite, de se partager leur conquête, ainsi collectivement réalisée d'abord, devant NELET notaire à *la Haie-Pesnel* ; dont le succeseur actuel, Me ROBIN, a bien voulu nous envoyer copie de l'*acte* à cette occasion rédigé.

Et c'est de la sorte, — après revente, le 25 juin 1861, (au même notariat), à Mme Veuve THOMAS, de l'un des lots ainsi formés — que Mme Veuve NOBLET, propriétaire à *Coutances*, petite-fille de celle-ci, (dont elle a, d'ailleurs, hérité), en est devenue propriétaire. Nous avons à la remercier vivement de la communication qu'elle a bien voulu nous faire de tous les titres transmissifs qu'elle en possède.

Quant à l'autre lot, il est aux mains d'une dame Legallet, héritière médiate de l'autre lotageant de 1828.

Du reste, ni sur l'une ni sur l'autre de ces deux fractions du susdit domaine qui se sont divisées ses bâtiments, comme ses terres, de jadis — il n'y a plus rien à voir de l'ancien château ; dont les ruines mêmes (encore mentionnées dans l'adjudication sur expropriation susdite, ainsi que dans le partage qui l'a presque immédiatement suivie) ont entièrement disparu — sauf, toutefois, la chapelle précitée — pour faire place à des constructions nouvelles, qui ne sauraient nous intéresser ici.

Revenant, maintenant, à la saisie de la Seigneurie de *Regnéville*, et à l'incident « de Pienne » y soulevé, et que nous n'avons un instant paru quitter — même ce dernier — que pour en finir avec cette famille par une digression que, nous en sommes sûr, nos lecteurs ne regretteront pas, — disons que ladite intervention revendiquante fut, d'autre part — quant à l'« usufruit » dudit domaine — tentée par la mère, devenue veuve, et née ***de Colardin***, du susdit Louis Claude Elisabeth. Celle-ci, de plus — comme affirmation, sans doute, devant le public en général, de son prétendu droit à cet égard — ne craignit pas de se porter comme « dame de *Regnéville* », dans la réunion Cotentinaise des trois ordres, à Coutances, en 1789 (en voir le *procès-verbal* imprimé, p. 116).

C'était, encore une fois, absolument ridicule ! et rien d'étonnant, dès lors, à ce que, sans hésiter, la justice d'alors écartât de suite un semblable obstacle à l'accomplissement final du « décret » dont s'agit.

Mais — celui-ci ainsi facilement mis de côté — il s'en présenta bientôt d'autres, bien plus sérieux, à une pareille réalisation.

En effet, les de Juigné poursuivants ayant (à la différence des de Pienne susdits, qui, restés en France, y avaient naturellement conservé, du moins quant à son domaine « non fieffé », leur ancienne terre de *la Meurdraquière*) pris le parti d' « émigrer » — notamment Léon Marguerite, ex-maréchal de camp : celui d'entre eux qui avait reçu le domaine de *la Baleine* (à eux si péniblement abandonné, jadis, par leur débiteur, Anne Henri de Saint-Germain), dans son lot, exclusif, des biens quelconques restés indivis depuis le décès de leur père ; et qui comparut, à ce titre, dans la réunion Coutançaise, sus mentionnée, pour les Etats généraux de 1789, où il fut même élu comme député, de la noblesse du Cotentin, à ceux-ci (en voir le *procès-verbal*) — il en résulta de suite — notamment pour ce dernier — des conséquences importantes, et toutes des plus fâcheuses à la sauvegarde de leurs droits matériels.

Et d'abord, le domaine en question — déjà dépouillé, par les lois révolutionnaires *ad hoc*, de ses « rentes seigneuriales » — fut, à raison de ladite émigration, « confisqué » par la nation, qui le fit mettre aux enchères devant le District de Coutances (v. à ce sujet, le *registre du Domaine*, de l'époque, au bureau d'enregistrement des actes judiciaires de *Coutances*), où il fut adjugé, le 11 Brumaire an III, pour 25.000 livres (payables, d'ailleurs, en « assignats », déjà presque totalement démonétisés), à un sieur Gilles Blouet, de *Sourdeval-les-Bois*, ancien curé jureur, puis défroqué, de *la Baleine*, où il était « notable » de sa municipalité, et s'était même marié, le 27 pluviose an II (voir ses *registres d'état civil*), et où il devait finalement décéder, le 21 septembre 1813 (v. ibid), après avoir été, en l'an VI et VII, à *Coutances* — où il s'était transféré — conseiller municipal, puis, en l'an VIII, avoué près son tribunal de première instance. Existence peu glorieuse assurément, mais qui ne l'empêcha pas de jouir, pendant le restant de sa longue durée, d'un bien si peu coûteusement acquis, et de le transmettre ensuite à ses héritiers, qui le détiennent encore à présent.

Hélas ! combien de prétendues « bonnes maisons » (elles

le sont surtout aux yeux de leurs fournisseurs !) ont commencé, de la sorte – ou d'une façon pire encore : usure, captation testamentaire, etc. — par des actes peu scrupuleux d'un ancêtre, dont les représentants actuels continuent d'utiliser en apparence correctement — et même quelquefois pieusement — les très suspectes dépouilles !

Ensuite, les dits de Juigné ayant ainsi quitté la France, et même y perdu tous leurs droits civils, ne pouvaient, naturellement, plus exercer, dans leur ancienne patrie, aucune action que ce fût ; et, par suite, leur saisie précédente, sur la succession vacante de feu Anne Philippe de Saint-Germain, se trouvait nécessairement arrêtée, pour ne pas dire réduite complètement à rien.

Mais, quand ils se virent réhabiliter plus tard (vers l'an X) par une législation réparatrice de la tyrannie terroriste, et libres de revenir désormais chez eux, pour y reprendre ceux de leurs biens qui n'avaient pas encore été aliénés, ils purent, naturellement continuer — bien qu'avec des formes de procédure différentes de celles du passé — la saisie en question ; et, ils ne manquèrent pas de le faire.

Ils eurent, toutefois, pour cela encore à lutter judiciairement contre l'entêtement absurde des de Piennes — désormais à ce représentés par Thomas-Henri susdit, après le décès de sa mère et de son frère aîné. La prétention de ceux-ci était toujours la même, malgré les arguments décisifs qui la condamnaient ; auxquels s'était même naguère ajouté, comme on l'a vu, celui de la « chose jugée ». Et, naturellement, la justice nouvelle du pays se hâta de la proscrire comme l'avait déjà fait l'ancienne. C'est ce que fit, notamment, la COUR DE CAEN, dans un *arrêt* du 17 novembre 1808.

Telle est la raison pour laquelle ce n'est que le 12 octobre 1811 que — revenus d'émigration depuis 10 ans — les de Juigné purent, enfin, voir adjuger le domaine en question — privé, d'ailleurs, lui aussi, maintenant, de son ancienne partie

« fieffée », et dont la mise à prix fut, à cette raison-là, baissée, des 40.000 l. de jadis, à 25.000 fr., ; qui du reste furent de beaucoup dépassés — on va le voir — par le prix réel d'adjudication.

Celle-ci se fit, d'ailleurs, en vertu d'un « cahier des charges », qui, en ce qui concerne la description de l'ancienne partie « non fieffée » de ladite ex-seigneurie, se borne à reproduire celle de 1788 ; à laquelle il faut donc se reporter pour sa consistance encore en 1811.

Et elle s'opéra devant le Tribunal Civil de Coutances, le jour sus-indiqué — pour 75.700 francs — au profit d'un sieur GALLIEN, de *Granville*, et COASSOCIÉS, de sa famille.

(Voir, sur la saisie, et l'adjudication, susdites, au Greffe dudit tribunal, leurs minutes, dans les *registres* de 1811, à ce respectivement destinés).

Puis, tous les acquéreurs se partagèrent, plus tard, entre eux, ledit domaine ; qui leur appartenait ainsi conjointement à eux-mêmes, ou, — vu le prédécès survenu dans l'intervalle de quelqu'un d'entre-eux — à leurs descendants.

Cela se fit, d'abord, en deux lots, du tout, le 24 septembre 1833, devant Guillot, notaire à Coutances (étude Marseille, actuelle) ; puis, en deux parts encore — de subdivision de l'un des dits lots primitifs — devant Me Delepault, notaire à *Quettreville* (aujourd'hui représenté par Me Leclerc), du 20 décembre de la même année.

Contrats qui, l'un et l'autre, donnent, d'ailleurs, une description plus ou moins claire de l'état contemporain de l'objet à répartir ; et où l'on voit — comme un des détails les plus intéressants pour nous à ce sujet — mentionner, comme existant déjà alors, le bâtiment adossé « extérieurement » au « rempart » Nord de la cour fortifiée du château en question. Ce qui, du reste, était déjà constaté, dès 1826, par le *plan cadastral* de la commune, dressé cette année-là, et qui l'a compris dans son croquis : où l'on aperçoit, en outre — sous le nom matriciel d' « étang » — une « pièce d'eau » dessinée devant le « rempart » de l'Ouest ; laquelle n'est autre qu'une portion — encore présente alors, à cet endroit-là, — de l'ancienne « douve », extérieure, des trois murs fortifiés, de ce genre, que nous avons précédemment décrits, à la place du parterre d'entrée d'à-présent.

Ces deux partages — tant originaire que secondaire — furent, d'ailleurs, ultérieurement suivis d'autres actes relatifs au même domaine, et destinés à en entraîner, progressivement, la concentration dans la même main. C'est-à-dire : d'un échange, avec d'autres objets étrangers à celui-ci, le 8 mars 1844, devant Me Delepault susdit, au profit de la femme, née GALLIEN, de VICTOR BUNEL, receveur des finances à Valognes et décédé, vers 1852, à *Lile-Mannière*, en *Saint-Quentin*, où il avait d'autres propriétés ; plus d'une vente, à la même, le 23 octobre 1851, devant Me Dubier, notaire à *Granville* ; — dont le successeur actuel, Me Lerouxel, a bien voulu nous envoyer la copie dudit acte — par un autre titulaire de portion — par subdivision en décembre 1833 — de l'un des lots primitifs de septembre de la même année, ainsi que cela avait déjà été commencé, pour le même lot, par le susdit échange.

De telle sorte qu'à ce moyen, ladite dame Bunel — déjà, par succession de son père, attributaire de l'autre des premiers lots susdits — se trouva, en fin de compte, posséder aussi celui dont s'agit ; et, par suite, propriétaire de tout l'ensemble du domaine Regnévillais vendu, en 1811, à la société des Gallien : sauf, bien entendu, les parcelles qui en auraient, depuis lors, été rétrocédées à des tiers.

Et, par conséquent, son fils — GASTON-ABRAHAM-VICTOR BUNEL — devait également le recueillir en entier dans sa succession, lorsqu'elle décéda, en 1875, à sa villégiature de *Cannes*.

Mais, dès avant cela (vers 1855), il alla — du consentement

de sa mère susdite — s'y installer, dans le château qui en restait toujours le centre ; pour créer, à Regnéville même — dans celui-ci, ou aux environs — des exploitations, soi-disant perfectionnées, de « scieries de marbre », et de « fours à chaux », qu'il alimentait par la pierre carbonatée du pays, mais qui, malheureusement, ne réussirent guère.

Aussi, vers 1860, le quitta-t-il, et même la localité, pour se fixer à *Paris*, où il est décédé le 4 juin 1882.

Et, dans le château qu'il abandonnait ainsi, après l'avoir amélioré, et aussi empiré, à sa guise — par exemple en perçant, dans son « rempart Ouest », les ouvertures que nous savons, et, par contre, en y élevant, pour l'exercice de l'industrie susdite, de nombreuses constructions nouvelles, telles qu'un hangar appuyé contre la face occidentale du donjon lui-même, et dont la trace hideuse se voit encore à présent — il chercha, naturellement, à installer des locataires.

Le principal qu'il en trouva fut la fameuse Sarah Félix, sœur, bien inférieure, de la tragédienne Rachel, mais amie, dodue, du prince Jérôme Napoléon ; avec les générosités, duquel elle essaya — sans doute par caprice d'oisiveté — d'installer, à Regnéville, des « parcs à huîtres », qui coûtèrent, dit-on, deux millions, et qui, quoique vivotant encore à présent, n'ont jamais — à beaucoup près ! avec leurs frais annuels d'exploitation — rapporté l'intérêt, même à 2 pour cent, d'une pareille hémorragie financière.

Au surplus, la déesse — ou plutôt l'héroïne médiocre — de théâtre, qui avait eu cette coûteuse fantaisie, s'en dégoûta elle-même bien vite, et plia bientôt bagage pour aller — à Paris, et ailleurs — regagner son firmament de toile peinte ; et nul, qui puisse compter, ne vint ensuite la remplacer dans l'ancienne forteresse Regnévillaise : si faible, d'ailleurs, quand elle y était logée !

Il n'y avait donc qu'un bon parti à prendre, pour son propriétaire — qui, à partir de 1882, que mourut le susdit

Gaston Abraham Bunel fut son fils : GUILLAUME-EMILE VICTOR GASTON — actuellement résidant à *Fouras*, auprès de *Rochefort* — c'était d'aliéner, le plus avantageusemen possible, le château en question ; dont, à cause de ses nombreux bâtiments, l'entretien était des plus coûteux.

Et c'est ce qui fut, en effet, réalisé, le 1er février 1858, devant Me Lelièvre, déjà cité, notaire à *Montmartin-sur-Mer*, par un acte qui en décrit minutieusement tous les détails, tant intérieurs qu'extérieurs, ainsi que ceux du terrain en dépendant immédiatement — d'un hectare, environ, d'étendue — qui était aussi compris dans ladite vente.

Celle-ci s'opéra au profit de M. LECOUPÉ, ancien receveur des douanes ; qui, depuis ce temps-là, y a fixé son séjour permanent.

Et il faut s'en féliciter ! car, non seulement l'immeuble est ainsi soigneusement entretenu, mais, de plus, son accès intérieur est devenu des plus agréables (quand on a quelque prétexte pour y pénétrer), par l'amabilité naturelle de ce respectable non moins qu'intelligent occupant.

Et, de cette façon, nous en avons aussi fini de la partie historique y relative, autant, du moins, que le lecteur voudra bien se contenter, à cet égard, d'un simple abrégé : renfermant, du reste — nous en sommes sûr — tous les principaux points qu'il lui importait de connaître en pareille matière.

Et, maintenant que notre tâche multiple est, de la sorte, complètement achevée, qu'il nous soit permis d'émettre, en ce qui concerne non seulement l'ancien Château de Regnéville, mais encore cette localité elle-même, un vœu qui, nous en sommes persuadé, trouvera son écho auprès de la plupart de nos lecteurs.

C'est que ce joli petit endroit, si bien placé topographiquement, où la vue est magnifique — que l'on se tourne vers son coquet village, maintenant longé, vers l'Ouest, à sa partie inférieure par de jolies villas, et, toujours orné, en haut, du côté de l'Est, par les tours imposantes de son ancien donjon à présent décédé, et de son église toujours vivante ; ou bien qu'on le fasse vers le pittoresque estuaire maritime qu'encadrent si artistiquement les rivages de Grimouville, à droite, d'Agon, en face, et de Montmartin, à gauche, — sorte enfin de son triste isolement d'à présent, pour reprendre un peu — même beaucoup, si possible — de son animation d'autrefois.

Mon Dieu ! nous ne demandons pas qu'avec les exigences actuelles et les progrès continus de la navigation, on lui rende son importance maritime, en même temps que militaire, de jadis ! mais, au moins, pourquoi ne reprendrait-il pas, pour les « terriens ordinaires », la vogue que — par les Coutançais, et autres voisins géographiques — il possédait encore il y a une soixantaine d'années ?

On y allait souvent, alors, et sans y avoir affaire, autrement que pour se distraire en le contemplant, et aussi pour faire, chez un de ses modestes mais excellents aubergistes — tels que la célèbre Marie Foucher — un de ces repas plantureux qui vous remettaient instantanément des ravages gastriques d'un jeûne trop sévère, ou d'une autre cuisine qui ne l'était pas assez !

Est-ce donc que tout cela n'existe pas encore, si on le veut bien, même avec des facilités de jouissance nouvelles ; telles que des « parcs », où les huîtres baillent d'impatience d'être gloutonnement avalées, et surtout un « chemin de fer » spécial, jadis ardemment souhaité, que l'on a depuis plusieurs années déjà, et qui en une demi-heure peut, — s'il y consent, — vous transporter à ce lieu de délices terrestro-maritimes ?

Le tout, sans compter la perspective (assez naturelle sans doute) d'un « tramway » côtier, venant du Sud, et se reliant, par *le Pont de la Roque*, à celui, déjà fait, de Coutances à Lessay ; et peut-être même d'une amélioration du port actuel, par l'endiguement de la *Sienne* à son entrée Nord-Ouest, dans celui-ci. Double tâche dont finira peut-être par s'acquitter, envers Regnéville, la Providence — en général assez boiteuse — de nos Pouvoirs publics !

Ne boudez donc plus, sans aucun motif plausible, ce gentil lieu, et rendez-lui, par votre présence fréquente, cette vie de naguère, qu'il n'a jamais mérité de perdre !

Puissions-nous, en ce qui nous concerne, avoir, par le présent opuscule — en ayant ainsi fait ressortir tous les mérites architecturaux, comme les fastes grandioses, ou du moins curieux, de son ancienne et majestueuse forteresse, — aidé à une pareille résurrection ! Nous avons, de la sorte, essayé de galvaniser ce beau cadavre — encore chaud, — d'une ancienne localité plus ou moins célèbre jadis. Nous avons soufflé sur ce foyer, maintenant en apparence éteint, pour en remuer les cendres et y trouver quelque étincelle propre à le rallumer et à le faire de nouveau pétiller. A vous, lecteurs, de nous seconder dans cet effort, et de nous prouver ainsi, que nous avons eu toute raison de le faire !

TABLE DES MATIÈRES

Pages

Introduction.. 5

I. — Description des lieux

Les anciens « remparts »........................ 10
Les « douves », et le « pont-levis »............ 14
Le vieux « donjon »............................. 15

II. — Histoire

Premiers temps, ou occupation Normande, de 911 à 1204.. 19
Recouvrement de la Normandie, en 1204, par le Roi de France Philippe-Auguste............... 20
Occupation « Navarraise », de 1317 à 1401........ 21
Invasion et occupation « Anglaise », de 1418 à 1449 22
Expulsion des Anglais, par le Roi de France Charles VII, en 1450......................... 23

Pages

Inféodation aux **Paynel**, de la Seigneurie de *Regneville* 24

Sa transmission, par mariage, aux d'**Halwin de Pienne**, en 1558 25

Mésaventures de **Isaac II. de Pienne**, en 1627 et 1637, et destruction de son « donjon » de *Regnéville* 27

Michel, et sa mort tragique en 1686 28

Jean François, son fils aîné, et sa vente du domaine Regnévillais, en 1691, à **Jean de Saint-Germain** 29

« Aveu », de celui-ci, en 1701 31

Transmission héréditaire de ce domaine, vers 1740, à **Anne-Philippe-Henri de Saint-Germain**, son cousin 32

Sa « saisie » sur la succession de celui-ci, en 1788, par les Leclerc de Juigné 34

Intervention, des **de Pienne**, à celle-ci 36

Leur suite généalogique, dans la branche cadette, depuis Michel susdit, jusqu'à nos jours 37

Vente forcée de leur domaine patrimonial de *la Meurdraquière*, en 1828, au profit d'étrangers ; et possesseurs actuels de celui-ci 39

Continuation de la susdite « saisie » ; puis sa suspension, par la Révolution et l'« émigration » des Leclerc de Juigné 40

Pages

Adjudication, comme bien national, en l'an III, de leur terre de *la Baleine*, par eux acquise de Anne-Philippe-Henri de Saint-Germain.......... 41

Fin de la saisie du domaine de *Regnéville*, et son adjudication, en 1811, aux GALLIEN............ 43

Partage et autres actes entre ceux-ci, en 1833, 1844, et 1851.. 43

Les BUNEL à *Regnéville*, de 1855 à 1860, et ensuite 44

Revente, par eux, en 1888, du château, à M. LECOUPÉ, son propriétaire actuel.......... 46

Vœu final de l'auteur.......................... 46

ERRATA. — Page 30, au lieu de lire : *Montaron*, lire *Montjavon*.

Au titre, au lieu de lire : **les documents**, lire, **des documents.**

Achevé d'imprimer

le vingt et un Novembre mil neuf cent onze

par

L'IMPRIMERIE NOTRE-DAME

à Coutances

Contraste insuffisant

NF Z 43-120-14

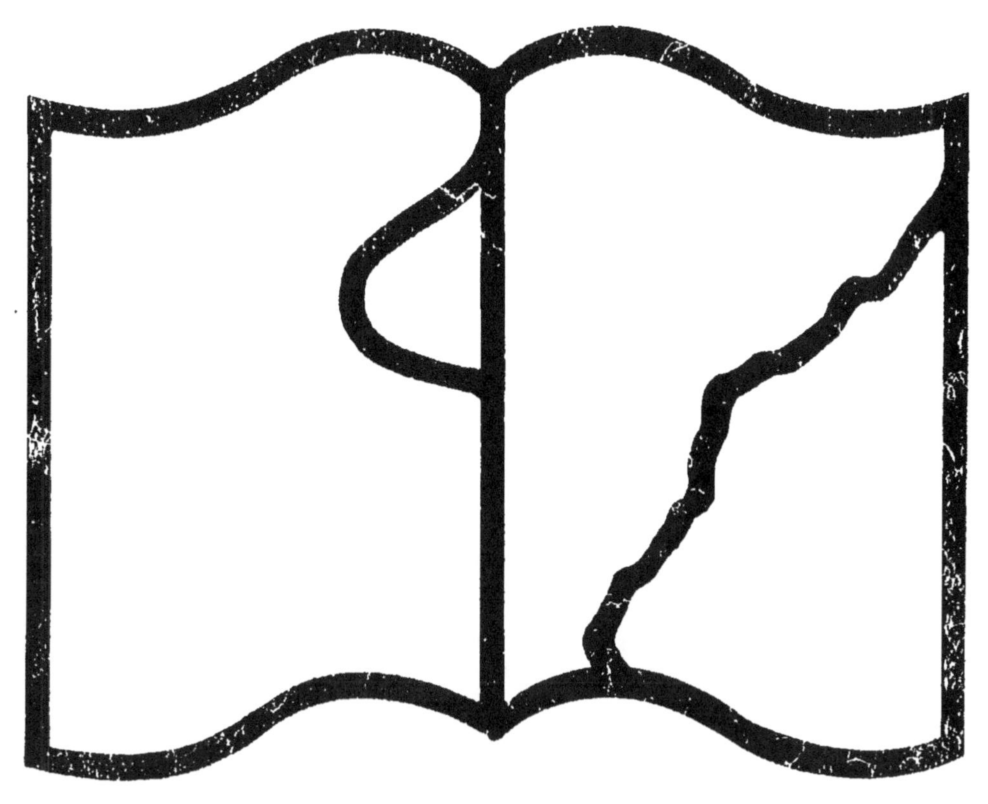

Texte détérioré — reliure défectueuse

NF Z 43-120-11

www.ingramcontent.com/pod-product-compliance
Lightning Source LLC
LaVergne TN
LVHW010059230826
846091LV00005B/2009